LA BATALLA DE HASTINGS

La lucha por el trono de Inglaterra

Por Carole Schreuder
En colaboración con Barbara Auger
Traducido por Laura Soler Pinson

Historia en50MINUTOS.es

LA BATALLA DE HASTINGS

DATOS CLAVE

- **¿Cuándo?** El 14 de octubre de 1066.
- **¿Dónde?** En Hastings (Inglaterra).
- **¿Contexto?** La crisis sucesoria en el trono de Inglaterra tras la muerte de Eduardo el Confesor (c. 1003-1066), seguida de la conquista de Inglaterra por los normandos.
- **¿Beligerantes?** Los partidarios de Guillermo el Conquistador contra los de Haroldo Godwinson.
- **¿Principales protagonistas?**
  - Haroldo Godwinson, futuro Harold II, rey de los anglo-sajones (1020-1066).
  - Guillermo II, llamado «el Conquistador», duque de Normandía (c. 1028-1087).
- **¿Resultado?** Victoria de Guillermo II.
- **¿Víctimas?** No existen fuentes que presenten un balance preciso.

INTRODUCCIÓN

La batalla de Hastings se produce en el contexto de la muerte del rey de Inglaterra, Eduardo el Confesor, en enero de 1066. Dado que no deja hijos, se produce una vacante en el trono y eso provoca una crisis sucesoria. Rápidamente se perfilan tres herederos potenciales: Haroldo Godwinson, conde de Wessex —el cuñado del difunto rey—, a quien el Witan (ins-titución política sajona en Inglaterra) ha nombrado sucesor, Guillermo II duque de Normandía —su primo— y Harald III de Noruega (1015-1066).

Rápidamente, Haroldo Godwinson deja fuera de combate a Harald III durante la batalla de Stamford Bridge, el 25 de septiembre, pero sigue habiendo 2 aspirantes al trono combatiendo por él. Tras haber reunido a una flota importante, Guillermo de Normandía cruza el canal de la Mancha y desembarca el 28 de septiembre en las costas anglosajonas. Cuando Haroldo Godwinson se entera de la invasión normanda, acude con su ejército al sur y se encuentra con los hombres de Guillermo de Normandía el 14 de octubre de 1066, en la llanura colindante de Hastings.

Se desencadena una batalla en la que los hombres luchan durante casi 9 horas, algo inédito para la época. Por fin, cuando cae la noche, Haroldo Godwinson es asesinado y Guillermo de Normandía se alza con la victoria. No obstante, todavía debe enfrentarse a algunos normandos y anglosajones que se niegan a someterse. Finalmente, es coronado en la abadía de Westminster el 25 de diciembre de 1066, con lo que funda la dinastía de los reyes anglonormandos que se mantiene en el poder durante más de un siglo.

LA CRISIS SUCESORIA EN INGLATERRA: TRES HOMBRES PARA UN TRONO

Eduardo el Confesor, rey de Inglaterra desde 1042, está casado con Edith de Wessex (1025-1075), pero este matrimonio no le da ningún hijo. Por consiguiente, hacia 1050, habría prometido el reino a Guillermo de Normandía, su primo. Quizás fue como un recuerdo de juventud, ya que Eduardo el Confesor pasó una parte de ella al otro lado de la Mancha, o quizás por apego a sus raíces. De hecho, el rey cuenta con muchos consejeros originarios de la región. No obstante, a día de hoy no queda ninguna huella de esa promesa.

Al mismo tiempo, otro personaje surge del entorno real: su cuñado, Haroldo Godwinson, el hombre más poderoso de Inglaterra después del rey, que cuenta con un vasto territorio equivalente a un tercio del reino y con el apoyo de la nobleza. Consigue victorias brillantes en 1062-1063 contra el rey de Gwynedd que había conquistado el país de Gales. Pero en 1064, Haroldo Godwinson encalla accidentalmente en la costa francesa y Guido I de Ponthieu (conde de Ponthieu, muerto en 1100) lo toma como prisionero. Entonces, los hombres de Guillermo de Normandía van a buscarlo y lo llevan ante este último, que decide liberarlo. Como señal de agradecimiento, Haroldo Godwinson le habría prometido su apoyo si un día tuviese que reivindicar el título real tan deseado. Por otra parte, en 1057, el rey elige a Eduardo el Exiliado (1016-1057), hijo del rey Edmundo II de Inglaterra (938-1016), para sucederlo, pero este fallece poco tiempo después de su regreso a Inglaterra.

La situación se vuelve todavía más compleja cuando Eduardo el Confesor, en el momento de su muerte, ya no designa a Guillermo de Normandía como sucesor, sino a Haroldo Godwinson. Un testamento que, si fuese cierto, sobrepasaría todos los acuerdos y otros juramentos. Así, la muerte prematura del rey el 5 de enero de 1066 deja el trono vacante y la puerta abierta a las rivalidades: ¿qué hombre tiene más legitimidad para sucederle? Son al menos 3 los pretendientes serios y, por supuesto, quieren hacer valer sus derechos y sus prerrogativas:

- Haroldo Godwinson es el hijo heredero del conde Godwin de Wessex (fallecido en 1053) y el cuñado de Eduardo el Confesor. El Witan lo elige rey el 5 de enero de 1066 y sube al trono con el nombre de Haroldo II;
- Guillermo de Normandía es descendiente de Rollo (nacido c. 930/932), jefe vikingo que recibe Normandía en 911, y nieto de Ricardo II de Normandía (fallecido en 1026). Dado que el difunto rey encuentra refugio en la corte de Normandía durante el exilio de su padre, se presenta como pretendiente a la corona;
- Por su parte, Harald III no tiene ningún vínculo familiar con el rey. No obstante, considera que es su sucesor legítimo por una alianza y un acuerdo pactados unos años antes. La primera lo vincula a Tostig Godwinson (1026-1066), el hermano pequeño de Harold, y tiene como objetivo impedir que este último acceda al trono. El segundo es un acuerdo firmado antaño entre Magnus I de Noruega (c. 1024-1047), el sobrino de Harald, y Canuto

II el Grande (rey de Inglaterra, c. 994-1035), que se habían prometido dejarse en herencia sus respectivos reinos si uno de ellos muriese sin heredero directo.

Más allá de la relación de parentesco, cabe tener en cuenta el origen de cada pretendiente. En efecto, Inglaterra es el centro de una lucha de poder entre los anglosajones y los escandinavos desde el siglo X. Haroldo Godwinson viene precisamente de una familia anglosajona, mientras que Harald III de Noruega proviene de las tradiciones vikingas. Por su parte, Guillermo de Normandía tiene vínculos con los escandinavos por sus orígenes.

No obstante, Harald III de Noruega es eliminado rápidamente de la carrera, en la batalla de Stamford Bridge, que se produce el 25 de septiembre de 1066. Unos días antes, este, acompañado de Tostig, desembarca en las islas Shetland y bordea las costas escocesas antes de atacar el condado de Northumbria, que Tostig desea recuperar. Cuando las tropas de Haroldo Godwinson atacan, son tomados por sorpresa y los dos hombres son rápidamente derrotados.

¿SABÍAS QUE...?

El final de la era vikinga en Inglaterra está simbolizado por la batalla de Stamford Bridge. Harald III de Noruega desembarca en Inglaterra con una flota de unos 300 navíos, reforzada por los hombres de Tostig en septiembre de 1066. Juntos, logran someter York. Haroldo Godwinson, al que se ha advertido de la invasión noruega, recorre muy velozmente los kilómetros que lo separan de su asaltante, tomándolo por sorpresa. Harald III de Noruega y Tostig mueren durante los combates.

LA PREPARACIÓN DEL DUELO

Para la nobleza inglesa, Guillermo de Normandía dispone de una ligera desventaja ligada a su estatus de extranjero. No obstante, parece que podría contar con el apoyo de la Iglesia gracias al papa Alejandro II (fallecido en 1073) —a quien le interesa vivamente respaldarlo, ya que Normandía es su aliada en Italia—. Según el cronista normando Guillermo de Poitiers (1020-1090), este le habría enviado el estandarte de san Pedro como muestra de su apoyo. Por su parte, Haroldo Godwinson puede disfrutar de sus triunfos militares que le brindan una gran popularidad.

Pero por muy bonitas que sean las ayudas morales, no sirven de gran ayuda para conquistar un país. A partir de ahí, hay que prepararse para la contienda. Los normandos pueden apoyarse en una flota tan eficaz como la de los escandinavos que han liderado con éxito varias expediciones en Inglaterra en los últimos años. El propio padre de Guillermo, Roberto I el Magnífico (duque de Normandía, c. 1010-1035), ya había intentado una invasión de la isla un tiempo atrás, que se había saldado con un fracaso. Pero las tropas se muestran un poco refractarias ante esta nueva campaña bastante pe-ligrosa, incluso si las perspectivas de botín atraen a muchos mercenarios.

Así, se establece un importante astillero en el estuario del río Dives, más o menos a medio camino entre Caen y Ruan, para reunir a la flota necesaria para la travesía. Los preparativos finalizan alrededor del 12 de agosto, pero las pésimas condiciones meteorológicas retrasan la salida. Al final, los buques normandos desembarcan en Sussex el 28 de septiembre.

En el mismo momento, Haroldo Godwinson, que no sospecha de lo que llega por el sur, se encuentra en el norte del país para frenar la invasión escandinava y para derrotar a Harald III de Noruega. Una casualidad afortunada de la que Guillermo de Normandía piensa aprovecharse para desembarcar en Pevensey y reconocer el lugar. Manda construir una fortaleza de madera y de tierra en los alrededores de Hastings, desde donde espera impaciente a las tropas de Haroldo Godwinson.

Por su parte, cuando este último se entera de la invasión normanda en el sur, urge a sus hombres para que acudan allí lo más rápidamente posible para tomar por sorpresa a Guillermo de Normandía. Pero no cuenta con los exploradores del duque de Normandía que lo informan de la llegada inminente de su enemigo. El 14 de octubre, este último envía a sus hombres al encuentro del Ejército anglosajón.

GUILLERMO II, LLAMADO «EL CONQUISTADOR», DUQUE DE NORMANDÍA

Guillermo el Conquistador representado en el tapiz de Bayeux.

Nacido hacia 1028 de un adulterio entre Roberto el Magnífico y su amante Arlette, Guillermo se convierte en rey de Normandía tras el fallecimiento de su padre, cuando tiene tan solo 8 años. Este ascenso a la cabeza del ducado normando se lleva a cabo con sobresaltos y los 15 primeros años de gobernanza se ven marcados por profundas crisis y muchos problemas. Así, algunos vasallos, aprovechándose de su juventud, quieren liberarse de la autoridad ducal y forman una oposición que logrará sofocar tras años de altercados.

¿Sabías que...?

La Normandía del año 1000 es un principado territorial con unos límites geográficos bien definidos, que se extienden de Ruan a Coutances, y de Bayeux y de Lisieux a Sées.

A principios del siglo X, Normandía hereda su nombre, que significa «tierra de los normandos» —término que se utiliza muy a menudo para designar a los vikingos—, ya que la cultura heredada de los colonizadores vikingos todavía está muy presente en la vida diaria. En teoría, el duque de Normandía es un vasallo del rey de Francia, pero en la práctica las tierras pertenecen al territorio vikingo (formado por las tierras invadidas o en contacto con los vikingos, como Inglaterra o Escandinavia).

Una vez que asienta sólidamente su poder en el ducado y garantiza la preservación y el equilibrio se centra en Inglaterra.

Quiere hacer valer sus derechos cuando muere Eduardo el Confesor. Entonces, empieza una lucha sin piedad entre él y su enemigo principal, Haroldo Godwinson. Guillermo desembarca el 28 de septiembre de 1066 en la costa inglesa con un ejército de normandos, de bretones y de franceses y el 14 de octubre se produce el enfrentamiento en Hastings. Hábil estratega y líder, Guillermo de Normandía demuestra sus cualidades de adaptación cuando nada se desarrolla tal y como había previsto durante todo ese día. A partir de ahí, se le apoda Guillermo el Conquistador y es coronado rey de Inglaterra el 25 de diciembre de 1066 con el nombre de Guillermo I.

A partir de su coronación, vive la mayor parte del tiempo en su nuevo país, mientras que su mujer Matilde de Flandes (c. 1031-1083) toma las riendas de Normandía. Se forma una nueva unidad: el Estado anglonormando, que Guillermo dirige con mano de hierro durante 20 años a pesar de los complots y las crisis familiares. Guillermo el Conquistador muere en Ruan el 9 de septiembre de 1087.

HAROLDO GODWINSON, FUTURO HAROLDO II, REY DE LOS ANGLOSAJONES

Haroldo Godwinson representado en el tapiz de Bayeux.

Haroldo Godwinson nace en torno a 1020 y muere en la batalla de Hastings, el 14 de octubre de 1066, con lo que se convierte en el último rey anglosajón de Inglaterra.

Proviene de una familia muy poderosa y su padre es Godwin, el temido conde de Wessex. Posee un territorio que abarca casi un tercio de Inglaterra y que lo convierte en el hombre más poderoso del país, por detrás del rey. Cuando Godwin muere, es por supuesto Harold Godwinson quien lo sucede en la corte, donde la influencia normanda está cada vez más presente, algo que no gusta nada a su familia, que se muestra cada vez más hostil ante el rey.

En 1064, naufraga en la costa de Ponthieu, donde es tomado como rehén. Debe su libertad a Guillermo de Normandía, que accede a acudir en su ayuda. A cambio, Harold Godwinson le promete que le prestará su ayuda cuando llegue la hora de reclamar la corona de Inglaterra. No se sabe si esa promesa es real o no, pero Godwinson lo niega en su momento y se corona como rey de Inglaterra en enero de 1066, cuando estalla la crisis sucesoria de Inglaterra y se produce la batalla de Hastings. A partir de ese momento no goza de una reputación brillante, pero acaba por ser rehabilitado por los historiadores, que lo describen como un enemigo audaz para Guillermo de Normandía. Según la leyenda y la tradición transmitida por el tapiz de Bayeux, habría muerto por una flecha que le habría atravesado el ojo. No obstante, no conviene fiarse, dado que el tapiz muestra a dos hombres que podrían representar a Haroldo Godwinson, uno atravesado por una flecha y otro golpeado por una espada.

ANÁLISIS DE LA BATALLA

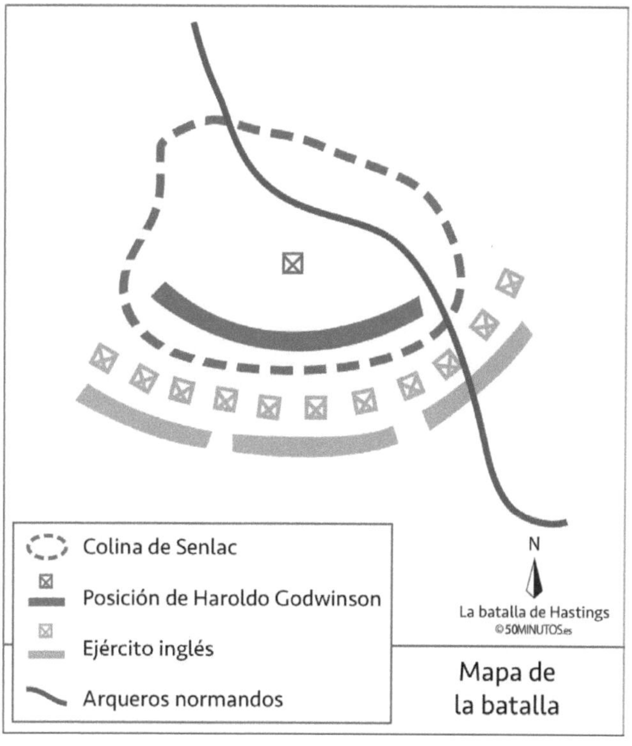

Mapa de
la batalla

LAS FUERZAS PRESENTES

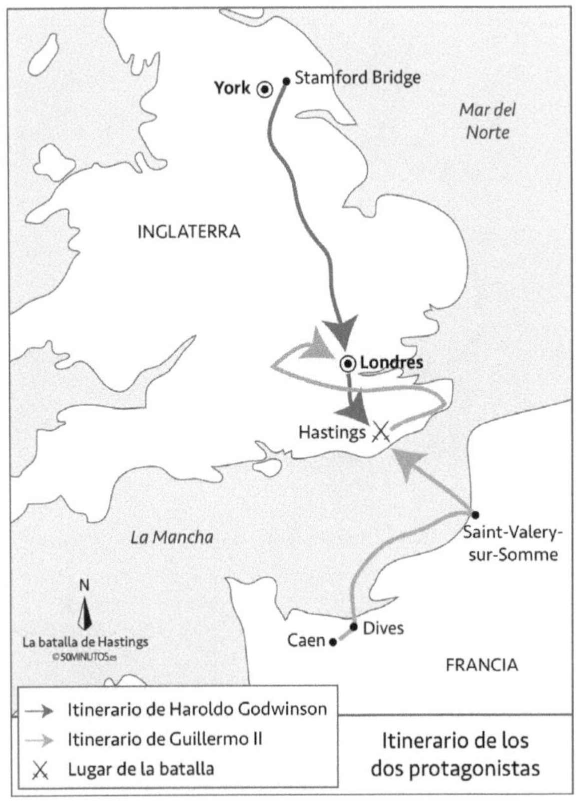

Aunque a menudo resulte difícil evaluar la cantidad de hombres presentes en el campo de batalla en la Edad Media, algunos historiadores estiman que hubo entre 7000 y 10 000 en cada bando, algo bastante importante para la época.

Según algunos, no se habría asistido a un enfrentamiento de este calibre en Europa occidental desde finales del siglo X.

Los ejércitos de este tamaño no solo se componen de los vasallos del duque de Normandía y del rey de Inglaterra, dispuestos a luchar por el honor de su soberano y de su patria. El Ejército de Guillermo II cuenta con normandos, pero también con voluntarios que vienen de Bretaña, de Flandes, de Champaña o, incluso, del sur de Italia. Lo más frecuente es que estos voluntarios estén motivados por el afán de lucro (sueldo y saqueo de las riquezas que tienen lugar tras la batalla).

Los normandos se distinguen por:

- sus caballeros;
- sus arqueros;
- sus ballesteros.

Por su parte, el Ejército anglosajón está conformado por:

- arqueros, si bien muchos ya han sido asesinados por los noruegos durante la batalla de Stamford Bridge;
- *housecarls*, la guardia del cuerpo real, compuesta por hombres armados con un hacha larga.

¿Sabías que...?

La ballesta, conocida desde la Antigüedad, pero eclipsada durante varios siglos por otro tipo de armas, vuelve a obtener un lugar destacado en las contiendas a finales del siglo XI. Es un arma potente, que tiene un alcance de 250 metros y que permite alcanzar a los caballeros desde lejos. Sin embargo, tiene la desventaja de tener un sistema de recarga lento.

Los arqueros también desempeñan un papel importante durante la batalla de Hastings. Su arma brinda las mismas ventajas que la ballesta, pero su alcance es menor, aunque goza de una velocidad de recarga mucho mayor. De hecho, los arcos irán sustituyendo progresivamente a la ballesta con el paso de los años y de los combates.

Muchos hombres también cuentan con una espada larga. En lo que respecta al equipamiento defensivo, es parecido en ambos bandos: un escudo con forma almendrada y una cota de malla para los más ricos.

LAS POSICIONES GEOGRÁFICAS

Mientras Guillermo de Normandía espera a su enemigo cerca de Hastings desde hace varios días, Haroldo Godwinson se acerca poco a poco. En menos de una semana, recorre con sus hombres los aproximadamente 300 kilómetros que los separan del campo de batalla y, el 13 de octubre, Haroldo Godwinson se para en Caldbec Hill, situada no muy lejos de Hastings.

Aunque Guillermo de Normandía está listo y espera a su enemigo, lo cierto es que este último se acerca más rápido de lo previsto y, en la mañana del 14 de octubre de 1066, algunos exploradores le anuncian la llegada inminente de Haroldo Godwinson. Entonces, Guillermo de Normandía y su ejército abandonan su campo fortificado y se dirigen hacia el campo de batalla.

Campo de la batalla de Hastings.

Allí, Guillermo de Normandía se da cuenta de que no ocupa una posición ideal: él esperaba acceder a la colina de Senlac —que controla el camino entre Londres y Dover— para estar en un punto elevado, pero tiene que contentarse con quedarse en la parte baja. Además, no puede dar media vuelta, ya que las embarcaciones de Haroldo Godwinson ya están patrullando frente a la costa. Así, no tiene más opción que iniciar el asalto hacia el muro de hombres que se encuentra frente a él: debe luchar y vencer, o verse atrapado, perder y morir. Por su parte, los ingleses tienen tras ellos una cuesta escarpada que dificulta particularmente una retirada rápida.

EL PRIMER CHOQUE

La batalla empieza a las 9 de la mañana, el sábado 14 de octubre de 1066, no muy lejos de la actual ciudad de Battle (a 10 kilómetros al norte de Hastings). Rápidamente, se elevan en el cielo las flechas normandas, que se abaten sobre los escudos ingleses. Pero los combatientes están demasiado lejos los unos de los otros como para que el ataque resulte eficaz, y el alcance de los arcos es demasiado limitado. Entonces, Guillermo de Normandía ordena que entre en acción la infantería, que estará seguida de cerca por la caballería.

Estos primeros asaltos duran varias horas y no producen resultados decisivos. En efecto, parece que la caballería no desempeña el papel principal que la leyenda de Hastings le ha atribuido durante años.

Caballeros y arqueros normandos en plena batalla de Hastings, representados en el tapiz de Bayeux.

Su posición en la retaguardia le impide ser realmente eficaz y asestar un golpe fatal a las tropas enemigas. Además, la cuesta de la colina y el lodo que se ha formado rápidamente en las zonas pantanosas disminuyen la velocidad de las sucesivas cargas que se rompen como olas contra la defensa inglesa.

UNA CONTIENDA SIN FIN

Ya es más de mediodía y se suceden los ataques, los contraataques y las retiradas, casi sin descanso. Ninguno de los bandos cobra una ventaja importante sobre el otro. Las fuerzas parecen igualadas y los talentos de ambos jefes, equivalentes. No obstante, la ausencia de un número importante de arqueros en el bando inglés los perjudica.

Durante la tarde, los distintos contingentes del Ejército normando adoptan una táctica que resulta eficaz: fingen en varias ocasiones una retirada y, aprovechando que los ingleses se lanzan a perseguirlos de manera desordenada, se vuelven hacia ellos para atacarlos mejor. Esta táctica de huida simulada exige una buena organización y una buena sincronización, y su objetivo es destruir el muro de escudos anglosajones que los arqueros no logran quebrantar. Para una mayor eficacia, Guillermo de Normandía también ordena a sus arqueros que disparen hacia arriba para no dañar sus propias líneas.

La estrategia da sus frutos y, poco a poco, los ingleses empiezan a replegarse, lo que permite que un pequeño grupo de normandos se acerque a Haroldo Godwinson y lo asesine. Los combates continúan durante unos minutos antes de transformarse en una desbandada de los ingleses y en una persecución de los normandos.

Tras la batalla, Guillermo de Normandía prosigue su camino hacia Londres, obteniendo la victoria en algunos enfrentamientos nuevos. Pero cuando llega a las puertas de la ciudad, sufre una derrota y se ve obligado a dar rodeos para cruzar el Támesis. Durante el camino, somete a algunos altos dignatarios, entre los que se encuentra el arzobispo Stigand (fallecido en 1072). Sin embargo, debe esperar a que la nobleza de Hertfordshire sea sometida para ser nombrado rey.

Es bastante difícil estimar con precisión el número de muertos que se producen durante la batalla. Algunos historiadores consideran que fallece uno de cada siete participantes en el enfrentamiento. Cabe señalar que, durante mucho tiempo, estos pensaban que los ingleses que habían muerto durante la contienda habían sido abandonados en el campo de batalla, mientras que los normandos habían sido enterrados en una fosa común. Pero las excavaciones arqueológicas no han confirmado nada, por lo que es especialmente complicado establecer estimaciones.

¿Sabías que...?

Para resumir esta jornada sangrienta, el historiador inglés Stephen Morillo presenta el desarrollo de la batalla tal y como sigue:

- a las 8:30 de la mañana, las tropas se despliegan a los pies de la colina;
- a las 9:00, se lanzan los primeros ataques de la infantería normanda, que van seguidos de los de la caballería media hora más tarde;

- a las 10:00, se reagrupan las tropas normandas;
- a las 10:30, se lanza el contraataque, seguido de una nueva reagrupación;
- entre mediodía y las 18:00, los normandos inician su táctica de huida simulada;
- a las 19:00, se lanza el asalto final de los arqueros normandos. Unos minutos más tarde, es asesinado Haroldo Godwinson;
- a las 20:00, los anglosajones son perseguidos y, una hora más tarde, se reconoce como vencedor a Guillermo de Normandía.

REPERCUSIONES

Tras su victoria, la coronación de Guillermo de Normandía marca la fundación del reino anglonormando, que sucede al reino anglosajón. No obstante, la conquista normanda de Inglaterra no se hace en un día y no se limita solo a la batalla de Hastings. Sin embargo, esta se convierte en su símbolo y habrá que esperar únicamente unos años para que Guillermo de Normandía imponga totalmente su autoridad, dando por finalizada una conquista con consecuencias importantes.

LA SITUACIÓN EN LA ESCENA EUROPEA

Normandía e Inglaterra, reunidas bajo la protección de un mismo soberano, conforman un territorio nada despreciable que altera los equilibrios europeos. Las viejas costumbres escandinavas del reino se ven suplantadas poco a poco con influencias venidas de la Europa continental.

La relación complicada que existe entre Inglaterra y Francia tiene su raíz en esta mutación de los equilibrios. En efecto, cabe recordar que Guillermo de Normandía es vasallo del rey de Francia como duque de Normandía, pero también es su igual como rey de Inglaterra, lo que generará tensiones y conflictos hasta que aparezcan los Plantagenet (dinastía que sigue a la dinastía anglonormanda) en los siglos XII, XIII y XIV.

UNA SOCIEDAD FEUDAL

La propia estructura del reino de Inglaterra se ve alterada en el plano social. Las capas de la sociedad cambian profundamente. Los antiguos nobles y las personas que influían en la sociedad de la época son condenados, asesinados, expulsados o sustituidos progresivamente, mientras que una nueva élite emigra del continente y los señores normandos toman el control del territorio. Los ingleses, acostumbrados a un régimen más libre y democrático, tienen dificultades para adaptarse a la organización muy feudal de los normandos, caracterizada por un poder centralizado, un control fuerte de los señores sobre sus vasallos, etc. Además, el origen común de estos nuevos señores es un factor que acerca a las entidades, más que separarlas, como pudo ser el caso en otros territorios divididos en feudos (tierras organizadas siguiendo un sistema feudal en el que cada una está bajo la autoridad de un señor sometido a otro, y así sucesivamente, lo que conforma la llamada pirámide feudal).

ADMINISTRACIÓN, LENGUA Y CULTURA

El sistema de gobierno medieval en Inglaterra, que ya desarrollan profundamente los anglosajones, encuentra un nuevo soplo de aire con los anglonormandos. El país ya estaba dividido en *shires* (o condados) administrados por *sheriffs*. Con Guillermo de Normandía, esta administración está todavía más coordinada y centralizada. Este tipo de organización alcanza su punto álgido a través del célebre *Domesday Book*, un censo a escala nacional, una novedad desde el Imperio romano.

Los normandos también importan su lengua y su cultura. El anglonormando se convierte en la lengua oficial, y de ahí surge el inglés moderno. En ese momento, algunas palabras escandinavas o germánicas tienden a desaparecer en provecho de un vocabulario de origen latino. De estas mezclas y de diversas evoluciones derivará una nueva lengua, la que actualmente conocemos.

ARQUITECTURA

Los castillos y las iglesias se multiplican durante esta nueva era anglonormanda, lo que enriquece al país con un nuevo patrimonio. Así, la construcción de la Torre de Londres se inicia al día siguiente de la batalla. En cuanto a la arquitectura eclesiástica, los cabrios sajones comparten espacio con motivos geométricos, decoración vegetal y animales fantásticos, al estilo normando. Con la conquista también llega el estilo gótico normando, una auténtica deriva regional del estilo arquitectónico románico tal y como aparece en Borgoña, al amparo de la abadía de Cluny.

EL TAPIZ DE BAYEUX

Gracias a los tapices de Bayeux, a día de hoy todavía se pueden observar los orígenes de la fundación del reino anglo-normando a través de la conquista del duque de Normandía. Este bordado, expuesto en el museo del Tapiz, en pleno centro de Bayeux, mide 72 metros de largo por 50 centímetros de ancho y ofrece al visitante actual una fuente con la que puede descubrir visualmente cómo se habría desarrollado la batalla. Según algunos, se habría fabricado en Inglaterra a petición de Odón de Bayeux (noble normando, 1030/1035-1097), el hermanastro de Guillermo de Normandía. Sin embargo, cabe señalar que su punto de vista está a favor del vencedor, por lo que no es del todo parcial.

La primera parte del tapiz presenta la visita de Haroldo Godwinson a Guillermo de Normandía y su promesa de ayudarlo a heredar la corona inglesa cuando llegue el momento. La segunda muestra la coronación de Haroldo Godwinson, la preparación de la flota normanda, su viaje por el canal de la Mancha, la batalla de Hastings y, al final, la coronación de Guillermo de Normandía. De esta manera, se transmite la idea de la legitimidad de este último frente a un Haroldo perjurio. Muchas escenas de transición acompañan las secuencias capitales, lo que lo convierte en un destacado documento que nos informa sobre la vida cotidiana en el siglo XI y sobre las técnicas y las herramientas empleadas en la construcción de los barcos. Así es como se presenta la historia tanto al público general como a los entendidos y, gracias a su conservación a lo largo de los siglos, conocemos hoy en día estos acontecimientos.

EN RESUMEN

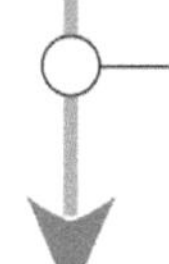

1066

5 en.: fallecimiento de Eduardo el Confesor

25 sept.: batalla de Stamford Bridge

28 sept.: desembarco de Guillermo de Normandía en Inglaterra

14 oct.: **batalla de Hastings**

25 dic.: coronación de Guillermo de Normandía

1087

9 sept.: fallecimiento de Guillermo de Normandía

- En enero de 1066, la muerte del rey Eduardo el Confesor provoca una crisis sucesoria en Inglaterra, ya que no tiene heredero directo.
- Tres hombres se disputan el trono: Guillermo, duque de Normandía, el primo del rey; Haroldo Godwinson, el cuñado del rey; y Harald III de Noruega.
- Harald III es derrotado por Haroldo Godwinson en Stamford Bridge en septiembre de 1066, lo que pone punto final a la era vikinga en Inglaterra.
- En ese mismo momento, Guillermo de Normandía invade Inglaterra por el sur.
- Guillermo de Normandía y Haroldo Godwinson se encuentran cara a cara en Hastings, el 14 de octubre de

1066.

- Cada bando estaría conformado por entre 7000 y 10 000 hombres; los caballeros, arqueros y ballesteros normandos se enfrentan a los arqueros y a otros anglosajones armados con hachas.
- Hasta el final de la batalla, no se sabe quién se alzará con el triunfo: durante toda la jornada se suceden ataques y contraataques, y habrá que esperar a que llegue la noche para que los normandos maten a Haroldo Godwinson y puedan cantar victoria.
- Guillermo de Normandía se convierte en rey de Inglaterra ese mismo año y funda la dinastía anglonormanda, con lo que pone punto final a la dinastía anglosajona.
- Se modifican los equilibrios europeos, la estructura del reino de Inglaterra y su administración, su arquitectura, su lengua y su cultura.

PARA IR MÁS ALLÁ

FUENTES BIBLIOGRÁFICAS

- Bouet, Pierre. 2010. *Hastings*. París: Tallandier.
- Bouet, Pierre, Brian Levy y François Neveux. 2004. *La tapisserie de Bayeux. L'art de broder l'histoire*. Caen: Presses Universitaires de Caen — Office universitaire d'études normandes.
- Contamine, Philippe. 2003. *La guerre au Moyen-Âge*. París: PUF.
- Cottret, Bernard. 2007. *Histoire de l'Angleterre. De Guillaume le Conquérant à nos jours*. París: Tallandier.
- Coz, Yann. 2011. "Hastings, 1066: la plus longue bataille". *L'Histoire*, n.º 370, 82-87.
- de Boüard, Michel. 1984. *Guillaume le Conquérant*. París: Fayard.
- de Poitiers, Guillaume. 1952. *Histoire de Guillaume le Conquérant*. París: Les Belles Lettres.
- Douglas, David. 1967. "Les réussites normandes 1050-1100". *Revue historique*, tomo 237, fascículo 1, 1-16.
- Favier, Jean. 1993. "Bayeux (la tapisserie de)". *Dictionnaire de la France médiévale*, 122-123. París: Fayard.
- Favier, Jean. 1993. "Guillaume Ier le Bâtard ou le Conquérant". *Dictionnaire de la France médiévale*, 477. París: Fayard.
- Gauvard, Claude. 2004. "Enquête". *Dictionnaire du Moyen-Âge*, 479-481. París: PUF.
- Matthew, D. J. A. 1966. *The Norman Conquest*. Londres: Batsford.
- Morgan, Kenneth. 1985. *Histoire de la Grande-Bretagne*.

París: Armand Colin.

- Morillo, Stephen. 1996. *The Battle of Hastings. Sources and Interpretations.* Woodbridge: The Boydell Press.
- Musset, Lucien. 2002. *La tapisserie de Bayeux. Œuvre d'art et document historique.* París: Zodiaque.
- Neveux, François. 2004. "Guillaume le Conquérant". *Dictionnaire du Moyen-Âge,* 645. París: PUF.
- Parisse, Michel. 2004. "Bayeux, tapisserie de". *Dictionnaire du Moyen-Âge,* 139. París: PUF.
- Schama, Simon. 2000. *A History of Britain. At the Edge of the World? 3000 BC-AD 1603.* Londres: Bodley Head.
- Stenton, F. M. 1971. *Anglo-saxon England.* Oxford: Clarendon.

FUENTES ICONOGRÁFICAS

- Guillermo el Conquistador representado en el tapiz de Bayeux. La imagen reproducida está libre de derechos.
- Haroldo Godwinson representado en el tapiz de Bayeux. La imagen reproducida está libre de derechos.
- Campo de la batalla de Hastings. La imagen reproducida está libre de derechos.
- Caballeros y arqueros normandos en plena batalla de Hastings, representados en el tapiz de Bayeux. La imagen reproducida está libre de derechos.

MUSEO Y CONMEMORACIÓN

- El museo del Tapiz de Bayeux, en Bayeux, Francia.
- Las hogueras de Hastings, en torno al 14 de octubre, en Hastings, Inglaterra.